Couvertures supérieure et inférieure
en couleur

DEVANT OU DERRIÈRE.

LES BARRICADES

RÔLE, DROITS ET DEVOIRS DES MAJORITÉS ET DES MINORITÉS
CHEZ LES PEUPLES QUI JOUISSENT DU
SUFFRAGE UNIVERSEL.

PAR

LÉOPOLD BRESSON

Ingénieur des Ponts-et-Chaussées.

PARIS

LIBRAIRIE SOCIÉTAIRE, 2, RUE DE BEAUNE.
Pour la vente au détail, LIBRAIRIE PHALANSTÉRIENNE, QUAI VOLTAIRE, 25.
—
MDCCCXLIX.

PARIS. — IMPRIMERIE D'E. DUVERGER,
RUE DE VERNEUIL, N° 4.

DEVANT

OU DERRIÈRE LES BARRICADES.

I. — *Des principes.*

Pour peu que l'on réfléchisse sur l'origine èt la nature de la crise qui tourmente les nations européennes, on aperçoit bientôt que la cause révolutionnaire n'est pas moins intellectuelle et morale que poli:ique et industrielle.

Une société ne tarderait pas à se dissoudre, si la tendance dispersive des opinions, des travaux, des fonctions individuelles n'y était point contenue par un effort central, par une fonction directrice qui assurât la prédominance de l'esprit d'ensemble sur l'esprit de détail, et fît converger les intérèts personnels vers l'intérèt commun. L'exercice de cette fonction constitue ce que l'on nomme *le gouvernement.*

Il n'y a donc point de société possible sans gouvernement.

Il n'y a pas davantage de gouvernement durable sans croyances communes, sans principes généralement acceptés qui servent de base aux relations sociales et de point d'appui à l'action centrale pour contenir les divergences, diriger et féconder les travaux individuels.

Donc, en résumé, point de société susceptible de durée et de progrès sans croyances, sans principes admis sinon par l'unanimité, au moins par l'immense majorité de ses membres.

Or, en fait de croyances, le passé ne nous a guère légué que des ruines : ruines politiques, ruines religieuses, débris confus de trônes et d'autels au milieu desquels notre fiévreuse génération cherche les éléments épars d'un nouvel ordre social, les germes naissants d'une réorganisation intellectuelle.

Personne n'admire plus que moi les grandes et majestueuses proportions de l'édifice catholique et féodal que le génie du moyen-âge avait élevé sur les ruines du monde romain ; personne n'apprécie plus les bienfaits que le christianisme a répandus sur la terre. Cependant, je contemple sa chute sans surprise, sans crainte, sans regret. On ne ressuscite pas plus une croyance qu'un cadavre. Une religion qui s'en va ne saurait revenir. Je la regarde passer avec respect, je m'incline devant les derniers éclats d'une majesté qui s'éteint ; mais je laisse à d'autres une vaine dissimulation qui ne peut plus rien sauver, et l'inutile souci d'une restauration impossible. Après avoir dit adieu au passé, je me tourne vers l'avenir.

Sous le régime dont la décomposition s'achève aujourd'hui, l'hérédité des fonctions et des privilèges était la base de l'ordre politique, comme la foi religieuse celle de l'ordre intellectuel. Chez les peuples soumis à un gouvernement théocratique, le principe héréditaire régissait toutes les fonctions politiques et sociales : on naissait prêtre ou roi, artisan ou guerrier. C'était le régime des castes ; c'était l'ordre poussé jusqu'à la négation du progrès, la stabilité exagérée jusqu'à l'immobilité. Depuis cette époque, le principe d'hérédité a été successivement et de plus en plus restreint. Le christianisme lui a fait deux blessures profondes, en contribuant à l'abolition de l'esclavage, d'un patrimoine que se transmettaient les générations asservies, et en renonçant à l'hérédité du sacerdoce, par l'institution du célibat auquel il vouait ses ministres.

Les privilèges héréditaires, dont les uns avaient été fortement ébranlés par le catholicisme, tandis que les autres avaient reçu de lui une sorte de consécration, à la suite d'alliances intéressées conclues entre l'ordre temporel et l'ordre spirituel, les privilèges reçurent le coup de grâce de la Révolution française. Pendant les restaurations qui la suivirent, l'hérédité politique reparut et se concentra dans la Royauté et la pairie. La secousse de 1830 ayant détruit la pairie héréditaire, il est évident que la société française était arrivée alors au dernier terme de la série décroissante dont le régime des castes constituait le premier. Pour tout esprit formé à l'étude des lois sociales, l'extinction totale de l'hérédité dans le gouvernement ne pouvait plus être qu'une question de temps, qui s'est trouvée tranchée par la Révolution de Février, d'une manière plus ou moins inattendue d'ailleurs. Et, pour le dire en passant, ce serait se faire une étrange illusion que de supposer à l'hérédité politique une existence prolongée dans les autres sociétés européennes. Les nations néo-germaines et néo-latines sont liées par une solidarité trop intime pour que l'une d'elles se maintienne longtemps, et beaucoup en avant des autres, dans la carrière du progrès. L'hérédité a fait son temps dans l'occident de l'Europe ; il faut en prendre son parti et tourner ses regards d'un autre côté.

Au milieu de cette défaillance générale des anciennes croyances politiques et religieuses, quels sont donc les principes sur lesquels peut se fonder le gouvernement des sociétés modernes ?

Dans ces derniers temps, on a beaucoup parlé de la famille et de la propriété.

La famille n'a jamais été sérieusement attaquée; mais, dans tous les cas, je n'y vois qu'un fait naturel, soumis dans son développement à certaines conventions sociales; je n'y saurais découvrir un principe politique.

La propriété est aujourd'hui l'objet d'attaques plus nombreuses et plus habilement dirigées. Je ne me propose pas ici de me réunir soit à ses adversaires, soit à ses défenseurs. Je crois, pour mon compte, que l'homme est le légitime propriétaire des fruits de son travail, des valeurs qu'il crée, attendu qu'il est incontestablement propriétaire de ses facultés physiques et intellectuelles dont son travail n'est, en quelque sorte, que le prolongement. Mais il faut distinguer la valeur créée de la chose à laquelle elle s'incorpore. La propriété de la première est un droit naturel, permanent; la propriété de la seconde est un droit conventionnel, variable.

En admettant que la propriété exclusive du sol, par exemple, ait été une usurpation, il est évident que cette usurpation était légitime au point de vue de l'intérêt collectif de l'humanité, car, sans elle, la société n'aurait pu franchir les degrés inférieurs de la civilisation : elle serait restée à l'état nomade. Il ne faut pas conclure de là que le régime actuel de la propriété immobilière soit immuable. Déjà l'expropriation pour cause d'utilité publique indique le genre de modifications dont il est susceptible. Quoiqu'il en soit, au point de vue même de ses défenseurs les plus inflexibles, la propriété n'est pas plus que la famille un principe de gouvernement. Elle est, je le veux bien, l'un des plus importants éléments de l'organisme social; mais il faut séparer, comme on le fait aujourd'hui avec raison, les questions économiques et sociales proprement dites, des questions purement politiques. Celles-ci ne sont relatives qu'à la *fonction du gouvernement*, qui est centrale, directrice, considérable, mais qui est loin d'être unique, et ne doit pas absorber toutes les autres.

Les questions de famille et de propriété étant écartées, parce que, malgré leur immense importance sociale, elles n'ont que des rapports indirects avec la constitution du gouvernement, il est évident que sur les ruines des principes de révélation et d'hérédité, il ne reste debout que le principe de la *souveraineté du peuple*, pour présider au développement intellectuel et politique de la société.

Quant au développement politique, une pareille conclusion

sera facilement admise dans un moment où l'on a recours à cette souveraineté pour constituer le gouvernement du pays. Mais il peut sembler singulier, au premier abord, que j'invoque le même principe, lorsqu'il s'agit de l'ordre intellectuel, d'autant plus qu'on se fait une idée peu exacte, ou, pour parler avec franchise, que l'on ne se fait en général aucune idée de ce que serait un gouvernement spirituel. Je vais chercher à l'expliquer en examinant ce qu'est au fond la souveraineté du peuple, et quelles en sont les conséquences temporelles et spirituelles.

II. — *De la souveraineté du peuple dans l'ordre politique ou temporel.*

J'ai dit plus haut que, depuis le régime des castes jusqu'à celui des royautés, l'hérédité dans les privilèges politiques avait été décroissant de plus en plus. Ce fait constitue ce que l'on appelle une loi sociale. Conformément à cette loi, les aristocraties périssent avant les royautés chez les nations dont le développement est régulier, telles que la France, l'Allemagne, etc.

Dès l'instant où l'hérédité, réduite à sa plus simple expression, vient à disparaître complètement, et qu'il n'y a plus chez un peuple ni caste ni famille jouissant de privilèges politiques par droit de naissance, il est évident que toutes les fonctions de gouvernement ne peuvent y avoir d'autre origine que l'élection. Je ne parle pas de l'usurpation, qui n'a rien à démêler avec le droit et la logique, bien qu'en fait elle joue souvent un rôle important dans les révolutions.

L'élection une fois admise en principe, il reste à savoir comment et par qui il convient qu'elle soit faite.

Il est bien entendu d'abord que le droit d'élection, pas plus que le gouvernement, n'est héréditaire. C'est là l'hypothèse. J'ajoute que, pour simplifier la question en même temps que son énoncé, j'entends par *gouvernement* l'ensemble des fonctions législatives et exécutives, soumis à une direction unique, que cette direction soit d'ailleurs le résultat d'une volonté individuelle ou de plusieurs volontés convergentes.

Cela établi, je propose l'axiome suivant :

Le gouvernement, fonction essentiellement active, doit appartenir à la volonté qui est à la fois la plus dévouée au peuple et la plus intelligente.

S'il existait donc une famille où le dévouement et la capacité fussent supérieurs et héréditaires, je n'hésiterais pas à dire : A cette famille le gouvernement.

S'il existait une classe de citoyens, définie ou par la naissance ou par la fortune, qui eût le monopole de l'intelligence et du dévouement au bien public, je dirais encore : A cette classe le droit d'élection.

Mais cela est-il, cela peut-il être ?

Non, cela n'est pas et n'a jamais été, à de rares exceptions près. L'histoire nous montre des dynasties adroites, des aristocraties intelligentes, des bourgeoisies capables; mais en général ces familles, ces castes ne mettent leur intelligence et leur capacité qu'au service de leur intérêt exclusif ou de celui de la minorité, plus ou moins bien entendu. Il leur manque la première condition que les peuples ont le droit d'exiger de leurs gouvernements : le dévouement aux intérêts de tous.

Non, je ne crois pas que cela puisse être et soit jamais, parce que l'étude de la nature humaine démontre que les instincts personnels tendent sans cesse à dominer les sentiments affectifs ; que par suite il serait puéril d'attendre d'une classe le sacrifice permanent de ses intérêts à ceux de la nation, et qu'il n'y a de possible humainement que le dévouement du peuple au peuple tout entier.

L'élection ne peut donc pas avoir d'autre base légitime que le droit de suffrage universel. Que ce suffrage passe d'ailleurs par un ou plusieurs degrés, c'est là une question de convenance, d'opportunité politique, que je ne veux pas examiner, plutôt qu'une question de principe.

D'après les considérations précédentes, auxquelles il n'est pas besoin de longs développements, dans l'état actuel des esprits, le principe de la souveraineté du peuple se traduit nécessairement, dans la politique, par celui du suffrage universel, dont j'examinerai tout à l'heure les conséquences pratiques. Voyons maintenant quelle transformation il subit quand on le considère dans l'ordre intellectuel.

III. — *De la souveraineté du peuple dans l'ordre spirituel.*

Il y a dans l'homme, et par conséquent dans la société, deux sortes de faits, quelle qu'en soit la cause, une ou multiple, matérielle ou immatérielle : les faits physiques, les faits intellectuels et moraux. La première condition de la véritable liberté consiste en ce que ces faits, très différents par leur nature, quoique solidaires dans leurs développements, ne soient pas soumis au même pouvoir. Dans une société régulièrement organisée, où l'ordre et le progrès ne sont point violemment séparés, il faut donc deux gouvernements : l'un chargé de la direction des intérêts matériels, c'est le gouvernement politique; l'autre, de la direction des esprits dans tous les ordres de conceptions et de croyances, c'est ce que j'appelle ici gouvernement spirituel.

N'est-il pas évident, en effet, que partout où le pouvoir politique, n'admettant au-dessus ou à côté de lui aucune autorité spirituelle indépendante, usurpera le gouvernement de la pensée, celle-ci sera exposée à la violence et à l'oppression; que partout encore où le pouvoir spirituel, s'emparant des fonctions politiques, se laissera détourner de sa véritable destination par la préoccupation constante des intérêts matériels et du maintien de son influence temporelle, le développement intellectuel deviendra impossible, ou sera du moins dangereusement entravé; que partout enfin la concentration des pouvoirs conduit à la négation du progrès et à la destruction de la liberté sous toutes ses formes : liberté politique, liberté religieuse, liberté intellectuelle? Voyez, d'une part, les pays où le pouvoir temporel est dominé par le pouvoir spirituel, l'Inde, l'Egypte ancienne, l'Espagne sous l'inquisition, l'Italie sous ses papes ; et, d'autre part, ceux où le gouvernement politique ne rencontre aucun contrepoids moral dans une autorité spirituelle subsistant à côté de lui: Rome sous ses empereurs, la Russie sous ses czars, etc.

Je demande la permission de citer ce que j'écrivais il y a quelque temps, en analysant les considérations lumineuses que M. Auguste Comte a développées sur ce sujet, dans son cours de philosophie positive : « La concentration des pouvoirs, n'importe entre quelles mains elle s'opère, doit être considérée aujourd'hui comme dangereuse pour toutes les libertés, funeste à tous les progrès. Le pouvoir politique asservissant l'intelligence et la pensée, c'est le despotisme brutal substituant la violence à la persuasion... L'autorité spirituelle dominant le pouvoir politique, ce serait encore le despotisme... Le pouvoir est instinctivement conservateur et stationnaire ; le pouvoir intellectuel n'échapperait pas plus que tout autre à cette condition, et opprimerait tout ce qui tendrait à le dépasser... Autre chose est de conseiller et d'éclairer, autre chose est de décider et d'agir. Si l'intelligence était chargée à la fois de cette double mission, elle y succomberait. Accablée sous le poids des intérêts matériels et des affaires de chaque jour, elle négligerait les spéculations abstraites, et le progrès de l'esprit humain serait entravé ou au moins ralenti. »

La division des pouvoirs est donc une condition essentielle du développement des sociétés modernes, et la première garantie de leur liberté. Mais ce n'est pas la seule ; car les gouvernements spirituels et temporels, quoique séparés, pourraient être oppressifs chacun de leur côté, et se prêter même un mutuel appui pour lutter contre l'affranchissement politique et intellectuel des peuples. Nous en verrons tout-à-l'heure un exemple éclatant. Cette observation me conduit naturellement à formuler d'une manière générale et complète les conditions de la démocratie ; elles se réduisent aux trois suivantes :

Division des pouvoirs ;

Constitution démocratique du gouvernement temporel ;

Constitution démocratique du gouvernement spirituel.

Tel est le triple problème de la réorganisation politique et intellectuelle de la société. Sa solution seule peut clore définitivement l'ère révolutionnaire dans laquelle nous vivons.

Dès aujourd'hui le problème de la constitution définitive du gouvernement politique doit être considéré comme résolu. La souveraineté du peuple en est le principe ; le suffrage universel, le moyen. La question est moins avancée à l'égard du gouvernement spirituel. Je n'ai certes pas la prétention de la résoudre ; je voudrais seulement la poser et faire voir qu'un gouvernement spirituel ne peut avoir, dans l'état actuel des esprits, d'autre base que le droit de libre examen et de discussion, qui n'est au fond qu'une manifestation particulière de la souveraineté du peuple, une sorte de suffrage universel dans l'ordre intellectuel et moral.

L'existence d'une autorité spirituelle, distincte du pouvoir politique et indépendante dans la sphère de ses attributions, n'est pas un fait inconnu dans l'histoire. Sans parler ici de quelques nations singulières, comme la nation israélite, qui forme à tous égards une remarquable exception parmi les autres, et où la division des pouvoirs a été au moins ébranlée, comme le peuple japonais, sur lequel règnent, dit-on, deux empereurs, l'un militaire et l'autre religieux, arrêtons-nous un instant à l'organisation catholique du moyen âge, qui présente un type presque complet de ce que j'entends par un gouvernement spirituel.

Il est parfaitement inutile au but que je me propose d'examiner en eux-mêmes les dogmes du catholicisme. On sait ce que leur propagation a coûté d'efforts et d'admirable dévouement à leurs premiers confesseurs ; on sait qu'ils ont apporté au monde des principes nouveaux, supérieurs à ceux des religions polythéiques, et réalisé l'un des plus grands progrès dont puisse s'honorer l'esprit humain. Que les apôtres et leurs successeurs aient parlé au nom d'une prétendue révélation, et qu'ils aient fait appel à la foi plutôt qu'à la raison, peu importe; le résultat de la grande propagande évangélique a été, en définitive, l'établissement de croyances communes chez des populations nombreuses, et cette propagande, aux jours de sa plus grande splendeur, a été essentiellement pacifique.

Une fois ces croyances établies, l'Eglise chrétienne se présente comme une grande famille spirituelle; elle prend le nom de catholique, comme symbole de ses aspirations à l'unité, et celui de romaine pour rappeler sa subordination à un chef suprême. Les hérésies, inséparables du vague et de l'incohérence des croyances religieuses, surgissent de toutes parts et marchent à l'assaut de ses dogmes; elle les combat et en triomphe avec ses propres armes, la logique et la persuasion. Ce n'est que plus tard, aux approches de sa phase de décadence, qu'elle a recours à la violence et à la persécution, comme tous les pouvoirs fatalement entraînés vers une ruine prochaine. Mais alors elle étend pacifiquement sur presque toute l'Europe la glorieuse unité de son empire.

S'appuyant sur les principes communs aux peuples et aux rois, aux chefs féodaux et aux serfs, elle intervient pour régler les différends politiques des uns, les rapports de protection et d'obéissance des autres, s'interposant au milieu des luttes qui désolent une société barbare, imposant la paix, proclamant les droits de la morale et de la justice.

Chargée du dépôt sacré des croyances communes, elle veille avec sollicitude à sa conservation; elle reçoit le fidèle à sa naissance, l'instruit, le dirige, le soutient au milieu des épreuves de la vie, lui ferme les yeux et l'accompagne jusqu'à sa tombe.

Tel apparaît donc le gouvernement spirituel institué par le christianisme : abstraction faite des détails de son organisation, il consistait essentiellement dans un chef électif, dans des conciles, véritables assemblées délibérantes qui décidaient toutes les questions intéressant le dogme ou la discipline, et dans un clergé nombreux voué à l'enseignement et à la propagation. Ses fonctions spirituelles se résumaient vis-à-vis de la société dans l'éducation et la direction des consciences; vis-à-vis des pouvoirs politiques, dans le conseil, une sorte de contrôle et de haut arbitrage.

Comment cette vaste organisation ecclésiastique a-t-elle commencé à se dissoudre? Comment cette autorité spirituelle, qui a exercé un si grand empire, a-t-elle perdu son influence sur les gouvernements temporels? Comment le chef suprême de la société chrétienne a-t-il été réduit au rôle modeste de petit prince italien? C'est ce que je ne veux pas entreprendre d'examiner ici; je me bornerai à rappeler que cette grande révolution spirituelle est intimement liée, dans son origine et ses développements, à la révolution politique des nations européennes, et à constater qu'après avoir fait alliance offensive et défensive, l'hérédité et la révélation, ébranlées à la fois, tombent ensemble pour ne plus se relever.

Il est cependant un point sur lequel je dois insister, parce qu'il me ramènera naturellement à la question que j'ai posée : c'est l'appréciation de la véritable cause qui a déterminé la décadence de l'ancienne autorité spirituelle. Sans doute les abus qui s'étaient introduits dans l'exercice du pouvoir des papes, et l'extension des privilèges temporels du clergé, ont beaucoup contribué à la réforme protestante, d'où est jailli le signal de la révolution politique et religieuse; mais ils n'en ont été que le prétexte, la cause occasionnelle. La véritable cause est intellectuelle; elle s'est ressuscitée dans les progrès de la raison à laquelle répugnaient de plus en plus les dogmes et les mystères catholiques, et qui tendaient à s'affranchir des liens d'une discipline oppressive, tout en respectant la morale du christianisme, éternelle, immuable comme toute grande loi naturelle.

La réforme protestante proclama le droit de *libre examen*. Elle croyait pouvoir le contenir dans les limites de la Bible. C'était une illusion; le principe, une fois admis, devait être poussé jusqu'à ses dernières conséquences. La discussion déborda sur le vieux monde, ne respecta aucune de ses croyances philosophiques et religieuses, fit de leur ensemble un vaste champ de ruine, au milieu duquel le droit d'examen demeura seul debout.

Est-ce donc à dire que l'esprit humain doive désormais rester sans direction supérieure, sans principes généraux, sans croyances définitives? Serait-ce donc un état normal que celui d'une société où l'on délibérerait sans cesse, sans rien décider; où l'on discuterait toujours, sans convenir de quoi que ce soit; où les bases mêmes de la société seraient chaque jour remises en question? Non sans doute. Quant à moi, je suis profondément convaincu que de l'état révolutionnaire dans lequel fermente la vieille Europe sortira un nouvel ordre, non seulement politique, mais encore spirituel, et, pour le dire en passant, je suis également convaincu que les germes de la réorganisation intellectuelle sont déposés dans les sciences positives et dans leur philosophie qui, sortant de l'ornière théologique et métaphysique, abandonne la recherche des causes premières, repousse les notions absolues, et proportionnant ses prétentions aux véritables forces de notre intelligence, se borne à l'observation des phénomènes et à l'étude de leurs lois.

Quoiqu'il en soit, ce qu'il faut avant tout bien comprendre, c'est que le principe de foi et de révélation ne peut plus imposer de croyance, et par conséquent servir de base à une autorité spirituelle quelconque; c'est que toute idée scientifique, politique ou sociale, pour se faire universellement accepter, doit s'adresser à chaque intelligence individuelle.

Le droit de libre examen est donc dans l'ordre spirituel l'équivalent du droit de suffrage universel dans l'ordre politique. Et de même qu'un gouvernement temporel n'a de base légitime aujourd'hui que le suffrage librement exprimé de tous les citoyens, un gouvernement spirituel, fondé sur un certain nombre de principes communs, ne peut résulter que de la libre adhésion des esprits, c'est-à-dire du droit d'examen et de discussion.

C'est ainsi que les deux principaux leviers de l'action révolutionnaire se transforment en instruments de réorganisation, et qu'en vertu des lois qui président au développement et à la régénération des sociétés, comme à ceux de tous les corps organisés, les éléments d'une vie nouvelle sortent de leur décomposition même.

Il serait inutile, et en tout cas prématuré, de pousser plus loin ces considérations sur le gouvernement spirituel des sociétés de l'avenir. Nous sommes en pleine révolution intellectuelle, et c'est à peine si l'élaboration des nouveaux principes qui doivent servir de bases à ce gouvernement, commence solitairement dans quelques esprits. Il serait donc puéril et prétentieux d'entrer dans les détails d'une organisation que l'on ne fait qu'entrevoir. Je me borne à rappeler, comme exemple d'une pareille organisation, celle de l'église catholique à l'époque glorieuse de sa propagande et de son influence pacifique, et à poser en principe qu'à l'autorité spirituelle appartiendront : 1º le développement rationnel des principes consacrés par une adhésion générale; 2º l'éducation; 3º le droit de conseil et de contrôle vis-à-vis des pouvoirs politiques.

Les explications précédentes peuvent, au premier abord, paraître étrangères au sujet de cet écrit. J'espère démontrer qu'elles ont, au contraire, des rapports d'un ordre élevé avec la fonction des minorités chez les peuples libres.

IV. — *De la formation des Majorités et des Minorités.*

L'esprit humain est tellement organisé que, si une question a plusieurs aspects, si un fait peut être interprété de plusieurs manières, on doit être assuré que, par suite de l'inégalité des intelligences, de la diversité des intérêts et du droit d'examen, il se formera immédiatement autant d'opinions différentes, autant de partis opposés, qu'il y a d'aspects dans la question, de modes d'interprétation du fait. Lorsque la discussion ne sort pas du domaine intellectuel, la division des esprits, quoique toujours regrettable en soi, intéresse peu le gouvernement temporel de la société. Il n'importe guère, en effet, au point de vue politique, que l'on se prononce pour ou contre la théorie des ondulations lumineuses, l'immatérialité de l'âme, l'existence d'un fluide nerveux, magnétique, etc. Il ne viendra à personne l'idée de mettre aux voix ces questions, pas plus que mille autres semblables. Leur solution est évidemment du ressort de l'autorité spirituelle, et non du suffrage universel. Mais, lorsqu'il s'agit de la constitution du gouvernement politique, de ses tendances, de la direction qu'il doit imprimer au progrès social, il n'en est plus ainsi. La fonction gouvernementale n'est pas une abstraction qui puisse demeurer flottante au-dessus des citoyens indécis : c'est une force réelle, active, unique, qu'il s'agit de préciser, de personnifier.

Or, les phénomènes politiques et sociaux sont de tous les phénomènes naturels, non-seulement les plus compliqués et les plus variables, mais encore les plus difficiles à apprécier sainement, par suite de leur intime relation avec les passions et les intérêts humains. Il est clair, par exemple, que le grand propriétaire, le riche industriel, le pauvre ouvrier n'ont pas la même impartialité ni la même indépendance d'esprit vis-à-vis des questions d'impôt progressif, de libre échange, le droit au travail, que vis-à-vis de telle question astronomique, physique ou physiologique.

La division des esprits se reproduit donc d'une manière tout-à-fait spéciale et inévitable dans les questions politiques ; et, en même temps qu'elle devient plus nette, plus passionnée, elle se précise, elle s'exprime numériquement par l'exercice du droit de suffrage. Les votes se comptent, et une majorité plus ou moins homogène se constitue en face d'une minorité plus ou moins divisée.

Cependant, comme je viens de le dire, il faut que de ce fractionnement des opinions sorte une direction unique, un gouvernement décidé. Une société régulièrement constituée ne peut pas obéir à deux impulsions contraires. Le corps social, comme le corps humain, ne doit avoir qu'une tête, qu'une volonté, qu'un gouvernement. Inutile d'observer, sans doute, que je n'entends point par là la volonté d'un seul, mais en général la résultante unique de volontés convergentes.

DANS CETTE SITUATION, A QUI DOIT APPARTENIR LE GOUVERNEMENT ?

V. — *Du rôle de la majorité.*

Sur une question de politique intérieure ou extérieure, il s'est constitué une majorité et une minorité. Sur une autre question, le même fait va se reproduire, mais il est très possible que, sur chacune de ces deux questions, la majorité et la minorité ne soient pas formées des mêmes éléments. Cependant l'expérience prouve que ces éléments varient peu, relativement à l'ensemble des questions qui s'agitent dans un pays à un instant donné. Je les supposerai constants, et c'est à ce point de vue peu éloigné de la vérité que je considérerai, dans ce qui suit, une majorité et une minorité homogènes, persistantes, et votant chacune avec ensemble.

Cela expliqué, il me paraît incontestable que le gouvernement doit appartenir à la majorité. C'est là un principe fondamental de l'ordre politique, dont il importe extrêmement qu'à l'époque révolutionnaire où nous sommes chacun soit convaincu dans les rangs de la minorité. Je sais bien que ce principe ne peut pas être sérieusement et ouvertement contesté ; mais, chez certains esprits, il soulève une sorte de protestation secrète, de sourde opposition dont il faut analyser et détruire les motifs. Toutes les objections possibles, à cet égard, se réduisent à la suivante :

Il peut arriver que le pays, peu éclairé sur ses véritables intérêts, se trompe en confiant leur direction aux citoyens dont les noms sortent de l'urne électorale ; il peut se faire que la minorité soit plus dévouée au bien public et plus intelligente que la majorité. Dans l'intérêt même de celle-ci, c'est donc à la minorité que le gouvernement doit alors appartenir. Eh bien ! ce raisonnement peut être spécieux, mais il est essentiellement faux. Je vais le faire voir.

Laissons de côté les moindres aspects de la question, et allons au fond des choses. Ce que je nomme la capacité, et par suite le droit de gouvernement, se compose, comme je l'ai déjà dit, d'intelligence et de dévouement.

Dans le cas extrême où il y aurait une majorité et une minorité radicalement divisées d'intérêts, et que, pour mon compte, je considère comme impossible dans les sociétés modernes, il est clair que l'intérêt de la majorité serait plus près de se confondre avec l'intérêt public, que celui de la minorité. C'est donc faire une très large part à celle-ci que de la supposer plus dévouée que la majorité elle-même à ce qui représente alors l'intérêt général; car c'est admettre qu'elle déserte sa propre cause. Eh bien! cette concession faite, il resterait encore à décider la question de l'intelligence et des lumières. Mais je repousse l'hypothèse de ce cas extrême; je la repousse au nom des hommes de cœur de tous les partis, au nom des lois du développement social qui établissent une solidarité inévitable de progrès, de bien-être et de tranquillité entre tous les membres de la société. Lorsqu'un pays comme la France se divise, dans l'exercice du suffrage universel, en deux grands partis, je n'admets pas que l'un d'eux se préoccupe exclusivement de lui-même; je crois qu'ils cherchent tous deux, au contraire, à se placer au point de vue de l'intérêt public. Puisqu'ils ne sont pas d'accord, il faut bien que l'erreur se trouve quelque part; mais il ne s'agit pas là d'égoïsme ou de dévouement, il s'agit de plus ou moins d'ignorance ou de lumière. Nous arrivons au vif de la question.

Sans entrer dans l'examen d'aucun fait politique ou social en particulier, voyons quel est l'esprit général des minorités.

Il y a progrès dans l'humanité, progrès constant, quoique dissimulé quelquefois par des rétrogradations momentanées, ou absorbé par des croissances monstrueuses qui en élèvent seulement la tête, tandis que les membres inférieurs stationnent immobiles dans la misère et dans la fange. Ce fait, généralement admis aujourd'hui, peut se traduire ainsi : l'avenir vaudra mieux que le présent, qui lui-même vaut mieux que le passé. Or, de même que le présent a commencé par être l'avenir, ainsi les majorités commencent toujours par être minorités. A part quelques principes généraux, qui sont comme le fondement de la raison humaine, il n'est pas une vérité, grande ou utile, qui d'abord n'ait été contenue en germe dans une seule intelligence, et n'en soit sortie pour se répandre dans un petit nombre d'esprits, puis dans un plus grand nombre, puis enfin dans leur universalité, qui n'ait parcouru, en un mot, tous les degrés qui séparent l'infiniment petite minorité de la majorité ou de l'unanimité.

Il en résulte que c'est toujours parmi les minorités que se trouve la majorité de l'avenir, et qu'elles ont en général de celui-ci un sentiment plus vrai que la majorité contemporaine. Certes, ici encore, je leur fais une part si belle qu'on pourrait m'accuser de partialité à leur égard ; mais, en vérité, je ne saurais faire autrement, car j'avoue appartenir aujourd'hui à la minorité, et je suis forcé de penser ainsi, sous peine de ne plus être de mon propre avis. Quoiqu'il en soit, j'ai atteint la limite des concessions à faire aux minorités, en leur abandonnant l'avenir. La majorité ne peut pas évidemment leur accorder le présent. Le gouvernement n'est pas une affaire de théorie, c'est un art, ce n'est pas une science. Il y a la même différence entre un ministre et un socialiste (pris dans son véritable sens : qui se voue à l'étude de la science sociale) qu'entre un navigateur et un astronome, un opérateur et un physiologiste. Ce qui ne signifie pas qu'un ministre serait pire s'il était un peu socialiste. Mais enfin, quand il faut décider, agir, gouverner, la majorité se prononce de son côté, la minorité du sien, qui a raison? La minorité peut-être, mais qui en jugera? La question est de telle nature, que si la majorité venait lui dire : Vous avez raison, je me trompe, à vous la barre du gouvernail; elle cesserait d'être elle-même, se joindrait à la minorité, et mon raisonnement subsisterait.

En résumé, que peut dire une minorité persuasive qui convoite le pouvoir? Je suis la plus dévouée, la plus généreuse. Je lui réponds : Je crois à vos bonnes intentions, quoique vous vous flattiez un peu ; mais le dévouement est quelquefois impuissant, et un bon cœur ne suffit pas toujours. — Je suis la plus intelligente, la plus active. — J'ai quelque penchant à le croire ; mais en êtes-vous bien sûre? Et comment ferez-vous partager votre conviction à la majorité? Vous dites que votre conscience vous l'affirme ; mais si la conscience de la majorité lui affirme le contraire ?

Je sais que la minorité renonçant à la persuasion pour se faire violente, peut ajouter : Mais, en définitive, je suis la plus entreprenante, peut-être la plus forte, et je veux faire le bonheur de la majorité malgré elle. C'est là une autre affaire dont il faut dire deux mots.

Je ne veux point parler de guerre civile, de travail arrêté, de prospérité détruite, de misère et de sang. Tout cela a bien son importance, mais je prendrai la question de plus haut.

Il existe des lois sociales, comme des lois astronomiques, mécaniques ou physiques; les sociétés se développent et se transforment conformément à ces lois. C'est là un fait dont la conviction est malheureusement trop peu répandue. La première de ces lois consiste dans la solidarité qui unit tous les éléments du progrès social; qui fait qu'à tel état intellectuel d'une nation, par exemple, doive correspondre un état politique et industriel déterminé. La seconde loi que je veuille invoquer ici, c'est que les développements sociaux se succèdent et s'engendrent l'un par l'autre dans un ordre qui n'a rien d'arbitraire, dont l'intervention humaine bien dirigée peut sans doute accélérer l'accomplissement, mais qu'elle ne peut ni dénaturer ni détruire.

Cela posé, admettons qu'une minorité violente se soit emparée du pouvoir, ou par un coup de surprise, ou par une insurrection victorieuse, et que, maîtresse de la situation, elle impose au pays tout entier les réformes au nom desquelles elle combattait. De deux choses l'une: ou bien ces réformes satisfont à un besoin légitime du présent ou d'un avenir peu éloigné: les institutions politiques de la nation n'étaient point, par exemple, au niveau de son développement intellectuel; ou bien ces réformes sont prématurées: la minorité, par exemple, voulait inaugurer un régime industriel, qui, préférable en soi au régime ancien, n'est cependant pas en harmonie avec la situation intellectuelle et politique du pays. Dans le premier cas, la minorité était évidemment sur le point de devenir majorité, et le suffrage universel, dans l'hypothèse duquel je raisonne toujours, aurait dénoué la question prochainement et pacifiquement; la violence était donc inutile et par conséquent nuisible, il s'agissait d'avoir un peu de patience. Dans le second cas, la majorité étonnée pourra subir un instant des réformes trop hâtives; mais il se fera bientôt dans la société un travail souterrain, continu de résistance. Le ressort trop tendu réagira; pour le maintenir, il faudra le comprimer. Le gouvernement, qui s'était établi par la violence, devra constamment faire appel à la violence pour se maintenir; et, comme rien ne résiste aux forces naturelles, la violence elle-même s'épuisera à la longue, dans une lutte inégale, et la *réaction* se développant fera rétrograder la société peut-être en deça des limites qu'elle aurait atteintes en suivant le cours normal et régulier du progrès. Que l'on me permette une comparaison.

Une rivière se promène lentement d'un côté à l'autre d'une vallée; son lit est large, sa pente faible et son cours sinueux. Elle enlève des terrains considérables à l'agriculture, et sa faible profondeur, les bancs de sable qui l'obstruent, y rendent la navigation impossible. Un ingénieur peu réfléchi lui ouvre un lit nouveau, rectiligne et plus étroit. Le courant plus rapide enlève les atterrissements ; les bateaux circulent, et les terrains conquis sur l'ancien lit sont mis en culture. Tout semble pour le mieux. Il n'y a qu'une petite chose à laquelle on n'a point pensé : la nature du terrain que traverse la rivière. Dans le lit primitif un certain équilibre s'était établi entre la rapidité du courant et cette résistance. Dans le lit nouveau, la résistance est la même, mais le courant plus rapide a une force d'érosion plus grande. Il commence à attaquer ses rives à droite et à gauche ; les matières qu'il enlève s'accumulent au fond et troublent son cours. De nouvelles sinuosités se forment ; l'une appelle l'autre ; elles augmentent peu à peu, et, au bout d'un certain temps, le régime primitif est à peu près rétabli. Les travaux d'art sont ruinés ou enterrés ; les travaux de l'agriculture sont perdus, sans parler des inondations qui, pendant cette espèce de révolution physique, ont pu désoler toute la vallée. Dans ce cas-ci on avait violé les lois de l'hydraulique : les minorités violentes méconnaîtraient les lois sociales.

Il me semble résulter clairement de ce qui précède que les minorités ne peuvent légitimement réclamer le gouvernement de la société, ni de par leur plus entier dévouement au bien public, ni de par leur intelligence plus éclairée des besoins sociaux, ni enfin de par leur activité plus énergique. Le gouvernement doit donc être celui de la majorité. C'est son droit, que l'on ne peut méconnaître sans engager le pays dans une interminable série de bouleversements qui compromettraient sa prospérité, ses progrès, et l'avenir même de la minorité. Mais l'exercice de ce droit est soumis à certaines conditions dont celle-ci doit surveiller et au besoin exiger l'accomplissement. Je vais les indiquer en terminant.

VI. — *Du rôle des minorités.*

Les considérations précédentes ont fait pressentir le rôle naturellement réservé aux minorités. On peut le définir en deux mots : c'est de chercher à devenir majorité à leur tour. Tel doit être leur but persévérant, exclusif, et leurs moyens sont la propagande, la persuasion, puis en dernier résultat le suffrage universel.

Je sais toutes les objections que l'on peut faire au suffrage universel ; mais je sais aussi qu'elles peuvent toutes se réduire à ceci : la plus grande partie des citoyens appelés à en exercer le

droit ne sont pas suffisamment éclairés ; la population labo-
rieuse, dépourvue des lumières nécessaires pour se diriger elle-
même, soumise dans les campagnes aux influences rétrogrades
qui ont survécu à l'ancien régime, dans l'atelier, aux inspirations
égoïstes d'une bourgeoisie parvenue, ne sait pas discerner ses
véritables intérêts, et est exposée à voter contre eux. Certes, je
ne me dissimule pas, au moment où j'écris ces lignes, la veille du
jour de l'élection du président de la République, les inconvé-
nients d'une pareille situation. Mais quel peut en être le remède ?
Je ne crois pas qu'il soit dans des tentatives violentes pour éta-
blir une disproportion, en définitive éphémère, entre les institutions sociales et politiques d'un peuple, et son état intellectuel
et moral.

Ce remède est tout entier dans l'extension des lumières, le per-
fectionnement des mœurs, et il n'est que là. Car il faut être bien
convaincu de ce principe fondamental de toute science sociale,
que les réformes politiques dépendent surtout des réformes intellectuelles, et que, pour agir sur les faits, on doit commencer par
agir sur les idées. Telle est la noble mission des minorités.

J'ai distingué, comme on se le rappelle, deux espèces de gouvernements.

Le gouvernement politique né du suffrage universel doit venir
s'y retremper souvent et en subir toutes les variations ; l'élection
y procède de bas en haut. Le gouvernement spirituel, une fois
constitué par le consentement universel des esprits, ne subit pas,
il s'impose, non plus par l'inquisition et la violence, mais par
l'autorité de la science et la persuasion. L'élection y procéde-
rait de haut en bas. La pensée est indépendante du premier ;
personne ne consentirait à le prendre pour arbitre de ses
croyances ; l'immense majorité accepterait, au contraire, dans
les questions scientifiques de toute nature, la décision du second. En un mot, dans une société complètement réorganisée,
telle que je l'entrevois pour l'avenir, l'autorité spirituelle agirait
puissamment sur l'opinion publique, qui, réagissant à son tour
sur le suffrage universel, constituerait le gouvernement politique. Les dépositaires de la première seraient des hommes de
science ; les ministres du second, des hommes de l'art, des pra-
ticiens. Et chaque chose serait à sa place : l'idée au dessus du
fait, la pensée au dessus de l'action.

Sans doute nous sommes bien loin de cet état régulier de développement, aussi différend de la phase révolutionnaire que
nous traversons, que celle-ci l'est elle-même de l'ancienne orga-

nisation. Sans doute au moment où toutes les forces sociales sont en travail pour enfanter un gouvernement politique durable, il serait prématuré d'agiter la question d'un gouvernement spirituel, et le public ne s'en soucie guère. Mais j'ai un autre but que de soulever ici une discussion philosophique ; je veux, à l'idée de ce gouvernement, rattacher la mission sociale des minorités.

N'est-il pas évident en effet qu'il existe de remarquables rapports entre les fonctions d'un gouvernement spirituel, telles que je les ai définies, et le rôle des minorités, tel que je le comprends ? Que leur commune indépendance intellectuelle, vis-à-vis des pouvoirs politiques, est la première garantie de la liberté ?

Pour moi, je suis convaincu que la minorité, ou l'opposition, comme on l'appelle, remplit une fonction indispensable et supplée à l'autorité spirituelle dont elle renferme le germe, comme l'instinct supplée à la raison ; abstraction faite des violences, et des ambitions personnelles qui salissent également d'ailleurs toutes les causes, l'opposition a toujours été le conseil, le contrôle du gouvernement et l'organe spécial du progrès. On sent instinctivement, même dans le camp opposé, que l'avenir lui appartient. En attendant, à défaut du gouvernement, elle a la popularité, et elle exerce une sorte d'autorité spirituelle sur la manifestation de l'opinion publique.

Déjà une certaine fraction de la minorité actuelle a compris le rôle qui lui était réservé. La proposition de créer un ministère spécial du progrès, sortie des rangs de la minorité socialiste, avait une haute signification politique et intellectuelle. Tandis que l'on a accueilli le projet de cette institution comme une mesure essentiellement révolutionnaire, j'y voyais, au contraire, abstraction faite de sa personnification en un homme dont je ne partage pas toutes les vues, une mesure organisatrice et le premier pas fait dans une voie de progrès régulier conduisant à la constitution d'un gouvernement spirituel. Généralisez l'idée et l'expression ; au lieu de ministère, mettez gouvernement du progès, avec des ministères spéciaux pour les sciences positives entre lesquelles se partagent toutes les conceptions humaines : matémathiques, physique, chimie, astronomie, biologie et sociologie ou science sociale. Confiez à ce gouvernement la direction des études de toutes les questions qui intéressent la société, la mise en expérience de toutes les inventions, de tous les systèmes, l'organisation et la concentration des travaux individuels, de l'ordre scientifique, qui s'égarent ou s'épuisent aujourd'hui dans

l'isolement, et par dessus tout l'éducation publique, et vous aurez...... ce qu'il faut bien appeler maintenant une utopie, mais
ce qui serait en définitive une belle et grande combinaison de
l'Institut, de l'Académie, du Collège de France, de l'Université,
de tous les conseils, de toutes les sociétés d'encouragement, etc.,
tout cela fonctionnant avec un esprit d'ensemb'e, une activité et
un dévouement au bien public inconnus jusqu'à présent. C'est
bien ce qui pourrait donner l'idée la moins incomplète d'un gouvernement spirituel, dans l'état des esprits et des mœurs.

Quoi qu'il en soit, le ministère du progrès a été repoussé : on
a répondu que tous les ministres étaient des ministres du progrès. Eh bien! au point de vue où je me suis placé, et où j'ai
cherché à amener mes lecteurs, cette appréciation est loin d'être
juste. On peut sans doute admettre que le gouvernement temporel, formé d'hommes éminents, saura se maintenir à la tête,
un peu en avant même, si l'on veut, de la majorité; mais,
qu'on veuille bien aussi le remarquer, il est impossible qu'il
la devance de beaucoup, sous peine d'être abandonné par elle.
Je vais même plus loin, et j'avoue que, chez les peuples qui
jouissent du droit de suffrage, le gouvernement ne peut pas être
aussi progressif que certains gouvernements absolus. Il est extrêmement probable que la majorité des citoyens égyptiens n'aurait pas voté les réformes réalisées par Mehemet-Ali. C'est précisément ce qui nécessite et élève l'intervention des minorités
chez les peuples libres.

Le rôle des minorités étant défini comme je viens de le faire,
quels seront leurs moyens d'action? Ils se résument tous, ainsi
que je l'ai indiqué, dans la propagande par la presse, par les livres, par la parole dans les assemblées politiques et dans les
réunions libres des citoyens.

On l'a dit et répété sous mille formes : les droits supposent des
devoirs; les devoirs des uns consistent surtout dans le respect
des droits des autres. Les majorités ont le droit de gouvernement;
mais les minorités ont celui de discussion et de propagande.
Respect donc à tous les droits, et puissent ces principes élémentaires devenir la règle inviolable de chacun! L'ordre et le progrès, ces deux aspects de la même question, ces deux bases de
la prospérité publique, ces deux conditions de l'amélioration du
sort des travailleurs, l'ordre et le progrès sont à ce prix. Certes,
je ne fais pas appel ici à une conciliation impossible entre la majorité et la minorité; il convient, il est nécessaire à la vie des nations libres qu'elles existent séparément et agissent chacune dans

sa sphère. Il faut prendre les hommes tels qu'ils sont; ils ne perçoivent pas le vrai par intuition, et ils se diviseront toujours, même sur les questions les plus simples. Mais qu'ils cherchent alors à se convaincre, sans s'injurier et sans se battre. Si ces principes étaient universellement acceptés, on cesserait d'entendre les déclamations violentes qui retentissent dans les deux camps, les paroles de haine, les reproches injustes qui s'échangent entre eux, aigrissent les partis et les poussent aux extrêmes.

Le but de la minorité étant de devenir majorité, elle doit chercher à détacher, par la persuasion, les membres les plus avancés de celle-ci pour se les assimiler. Il importe que cette manœuvre soit convenablement dirigée, et, comme membre de la minorité actuelle, je demande la permission de lui donner un conseil.

Jusqu'à présent, pour simplifier l'idée en même temps que l'expression, j'ai considéré la minorité comme un ensemble homogène, opposé tout d'une pièce à la majorité. Or, c'est là, chacun le sait, une véritable fiction. En fait, la minorité se compose (comme la majorité, du reste, mais je n'ai pas à m'occuper de la conduite de celle-ci) de fractions plus ou moins nombreuses, réunies dans une même opposition, mais presque toujours divisées entre elles. Il y a d'abord une minorité rétrograde : je la laisse de côté; puis toutes les minorités progressives à divers degrés. Celles-ci varient non-seulement par le nombre de leurs éléments, mais encore par suite des diverses combinaisons qu'ils forment entre eux sur chaque question. Il faut donc, pour s'entendre, considérer l'idée ou la série d'idées, le programmme, comme on dit maintenant, qui caractérise chaque parti, plutôt que le personnel variable dont il se compose. Il est des hommes qui, par tempérament ou par habitude, sont voués à l'opposition et se détacheraient de leur parti plutôt que de le suivre sous le drapeau de la majorité. Faisons donc abstraction des hommes, pour considérer seulement les idées. Or, parmi celles-ci, les unes soulèvent des préventions plus ou moins légitimes, qui rendent leur avènement impossible, ou du moins très éloigné; d'autres, au contraire, vont bientôt conquérir une majorité qui les fera passer dans le gouvernement, et par suite dans les faits. Dans cette situation, la minorité doit évidemment choisir ces dernières, pour en faire l'objet d'une propagande active, unanime et dégagée de toute préoccupation de personnes et de partis. Ce qui n'empêchera pas d'ailleurs chaque fraction de l'opposition de poursuivre l'étude et la propagation de ses théories particulières.

Pour suivre une ligne de conduite visiblement tracée par l'intelligence de l'intérêt commun et qui rapproche successivement chaque parti de son but nécessaire, toute la difficulté se réduit donc à discerner la réforme qui a le plus de chances pour se faire accepter par une majorité convaincue. Cette difficulté est facile à résoudre, car c'est évidemment celle qui figure dans tous les programmes, sur laquelle la minorité est unanime. D'où résulte cette conséquence que je livre aux méditations de tous les hommes sincèrement voués à la cause du progrès pacifique et régulier : que le premier acte politique des partis composant la minorité est de se mettre d'accord, au moins sur une question. Et je n'entends point par là que l'on arbore un drapeau ou une couleur, que l'on répète à satiété l'une de ces vagues et sonores formules qui entretiennent la division des esprits et ne signifient rien pour vouloir signifier trop, mais que l'on convienne d'une mesure, d'une réforme politique ou administrative, financière ou industrielle, et que les organes de la minorité, presse, tribune, comités, cercles, associations de toute nature, ne cessent de la discuter, de la présenter sous toutes ses formes, jusqu'à ce qu'elle ait obtenu satisfaction. Ce que je dis ici n'a certes pas la prétention d'être nouveau ; mais il est des choses qu'il faut souvent répéter. Je termine sur ce sujet en rappelant la question de la réforme électorale et parlementaire comme un des beaux exemples de stratégie que les minorités aient donnés, à ma connaissance.

Pour compléter les quelques aperçus que je viens de présenter sur le rôle des minorités, il me reste à traiter une question très grave et très simple à la fois, sur laquelle il importe de s'expliquer avec franchise. Le danger ici serait dans l'équivoque.

Si le droit suppose le devoir, le devoir suppose aussi une sanction. Dans un état organisé sur la base du suffrage universel, la plus large que l'on puisse imaginer, le droit de la majorité étant le gouvernement, le devoir de la minorité est de laisser gouverner. Le droit de la minorité étant la discussion et la propagande, le devoir de la majorité est de n'apporter aucune entrave à la presse et aux réunions politiques. Voilà le vrai, voilà le juste.

Malheureusement le vrai et le juste s'obscurcissent souvent dans l'esprit des hommes ; la passion, mauvaise conseillère, étouffe leurs inspirations, et les partis ont une tendance funeste à empiéter réciproquement sur leurs droits. Il peut donc arriver qu'une minorité violente, s'appuyant sur des prétextes plus ou moins spécieux, oubliant le sens et la portée de nos institutions démocratiques, essaie de renverser le gouvernement de la majorité. Il peut arriver aussi qu'une majorité oppressive, aveuglée par les vapeurs enivrantes du pouvoir, méconnaissant les droits sacrés de la pensée et de la discussion, cherche à les étouffer dans le sein des minorités. Dans l'un et l'autre cas, le pacte fondamental est rompu, et la porte ouverte aux excès. Les excès sont comme les abîmes, ils s'invoquent, ils s'appellent l'un l'autre. De quelque côté qu'ils viennent, on ne peut que les maudire au nom de l'ordre social troublé, au nom du progrès compromis, au nom des malheurs de la société entière.

Mais la modération découragée doit-elle se borner à maudire et à se voiler la figure? Non! ce serait de la faiblesse. Dans les états libres, tout citoyen est soldat, soldat de l'ordre ou du progrès, suivant que l'un ou l'autre est en danger.

En face d'une minorité violente et par conséquent factieuse, soit qu'elle fasse appel à la révolte en soulevant les passions populaires, soit que, sortant des clubs et descendant dans la rue, elle y dresse ses barricades, la majorité doit agir sans hésitation, sans faiblesse. Vaincre d'abord, puis après consulter l'intérêt public et l'humanité pour décider du sort des vaincus.

En présence d'une majorité oppressive et par conséquent factieuse, qui prive la minorité de ses moyens imprescriptibles et naturels de devenir majorité à son tour, par la persuasion et la propagande, la minorité a le droit de barricades et d'insurrection. Elle peut attendre l'occasion favorable, elle peut différer pour consulter une fois de plus le suffrage universel; ce n'est plus pour elle qu'une question de prudence ou de succès, d'humanité peut-être, avant d'ouvrir la carrière sanglante des guerres civiles; mais, encore une fois, elle a le droit, et que ses conséquences retombent sur la tête des gouvernements oppresseurs!

En un mot :

Contre une minorité violente, avec la majorité devant les barricades ;

Contre une majorité oppressive, avec la minorité derrière les barricades.

Voilà la place des hommes de cœur et d'intelligence, d'ordre et de progrès.

Que dans ce voyage d'un côté à l'autre des barricades, on se trouve pris entre deux feux, c'est possible. Mais fais ce que dois, arrive que pourra, et en attendant dis ce que tu penses.

LÉOPOLD BRESSON.

Cherbourg, 10 décembre 1848.